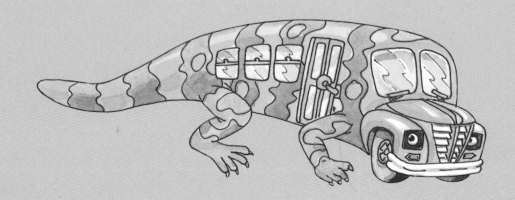

신기한 스쿨 버스 키즈 Kids

② 사막 동물을 구하자 — 사막 생물이 살아가는 방법

조애너 콜 글 · 브루스 디건 그림 / 이강환 옮김

1판 1쇄 펴냄—2001년 11월 12일, 1판 59쇄 펴냄—2016년 12월 16일
펴낸이 박상희 펴낸곳 (주)비룡소 출판등록 1994. 3. 17.(제16-849호)
주소 06027 서울시 강남구 도산대로1길 62 강남출판문화센터 4층
전화 영업 02)515-2000 팩스 02)515-2007 편집 02)3443-4318,9 홈페이지 www.bir.co.kr
제품명 어린이용 각양장 도서 제조자명 (주)비룡소 제조국명 대한민국 사용연령 3세 이상

ISBN 978-89-491-5025-3 74400 / ISBN 978-89-491-5023-9(세트)

신기한 스쿨 버스 키즈 Kids

❷ 사막 동물을 구하자 — 사막 생물이 살아가는 방법

조애너 콜 글·브루스 디건 그림/ 이강환 옮김

비룡소

프리즐 선생님은 내가 본 선생님들 중에서 가장 이상하고 엉뚱한 분이에요. 그런데 오늘 아침 수업 시간은 놀라울 정도로 조용했습니다. 우리는 사막 입체 모형을 가지고 공부하고 있었어요. 모든 것이 정상이었죠. 그게 이상한 거지만요. 프리즐 선생님의 수업이 이렇게 오랫동안 정상인 적은 없었거든요!

우리는 입체 모형이 멋지다고 생각했어요. 하지만 팀은 그렇게 생각하지 않았어요.
"뭔가 부족해." 팀이 말했습니다.

모래, 자갈, 선인장 그리고 사막의 태양을 대신할 전등도 있었어요. 또 바람을
일으키기 위한 선풍기도 있었지요. 무엇이 또 부족하다는 말일까요?

"알았다! 사막에 사는 동물들이 없잖아!" 피비가 소리쳤습니다.

프리즐 선생님은 하던 일을 멈추고 우리를 바라보았습니다. "피비야. 그래, 아주
중요한 게 빠졌구나." 프리즐 선생님이 웃으며 말했습니다.

다행히 프리즐 선생님은 우리에게 꼭 필요한 것을 가지고 계셨어요.
프리즐 선생님은 사막 동물 인형들이 가득한 자루 하나를 내놓았어요.
피비는 그 자루를 입체 모형 쪽으로 끌고 왔어요. 피비가 인형들을
자리에 놓는 동안, 도로시 앤은 동물들의 이름을 말해 주었어요.
"거북이, 늑대, 캥거루쥐, 길달리기새, 독도마뱀……."
여러 종류의 사막 동물들이 있었어요!

그 동물들은 모두 멋져 보였어요. 그러나 카를로스는 이렇게 뜨겁고 건조한 사막에서는 동물들이 살 수 없을 거라고 생각했어요.

"사막에는 물이 없잖아! 물이 거의 없다고! 먹을 것도 없고, 쉴 만한 곳도 없어!" 카를로스가 말했습니다.

피비가 깜짝 놀라 눈을 크게 떴어요.

"그래, 피비야. 사막에는 모든 것이 부족해. 더구나 이 작고 귀여운 동물들은 금세 독수리 먹이가 되고 말거야." 카를로스가 설명했습니다.

"불쌍해라!" 피비가 외치며 의자 위로 올라갔어요. "우리의 의견을 말합시다! 대책 모임을 만들어요! 그래서…… 음, '사생모' 라고 부릅시다."

"사생모란 **사**막의 **생**물을 보호하는 **모**임의 줄임말입니다. 사막의 생물들은 먹이와 물이 너무나 부족합니다." 피비가 말했습니다.

"아무래도 견학을 가야겠어." 아널드가 말했어요.

우리는 모두 놀라서 아널드를 쳐다봤어요. 아널드는 원래 견학을 싫어하거든요. 그런데 이번에는 아널드가 먼저 견학을 떠날 준비를 하고 있었어요. 아널드는 온갖 준비물로 가득한 가방을 메고 있었어요. 그리고 머리부터 발끝까지 사막을 탐험하기에 적당한 옷을 입고 있었지요. 게다가 『견학에서 살아 남는 법』이란 안내서도 읽고 있었어요!

프리즐 선생님의 눈이 빛났어요. 선생님은 언제나 견학을 할 준비가 되어 있거든요.

어느새 우리는 이미 신기한 스쿨 버스를 타고 사막으로 가고 있었어요.

갑자기 스쿨 버스가 도로를 마구 달리기 시작했어요. 더 빠르게⋯⋯.
좀더 빠르게⋯⋯. 순식간에 스쿨 버스는 비행기로 변했어요! 우리는 산 위로 날아올랐어요.
피비는 걱정스러운 표정으로 말했습니다. "프리즐 선생님, 여긴 사막이 아니에요! 이건
산이잖아요! 길을 잘못 들었어요."
프리즐 선생님은 고개를 저었습니다. "피비야, 만약 산이 없다면 사막도 없단다."

"너희들, 푄이라고 들어 본 적 있니?" 카를로스가 물었습니다.

당연히 프리즐 선생님을 빼고는 아무도 그런 말을 들어 본 적이 없었지요.

카를로스가 설명해 주었어요. "따뜻하고 습기가 많은 바람이 불어와 산에 부딪히면 바람 안의 공기는 산을 따라 올라가게 돼. 그런데 산 위로 갈수록 점점 추워지기 때문에 공기 속에 있는 수증기들이 모여 물방울이 되는 거야. 그래서 산 위에는 비나 눈이 오지만, 그 반대편은 사막처럼 건조해지지. 이 건조한 바람을 푄이라고 해. 그래서 사막에 가려면 산을 넘어 가는 거야."

갑자기 아무런 경고도 없이, 프리즐 선생님이 조종간을
당겼어요. 버스 비행기가 아래로 빠르게 내려가기 시작했어요.
"으아아―아!" 모두가 소리쳤습니다. 아닐드만 빼고요. 아닐드는『견학에서
살아 남는 법』을 읽느라 바빴거든요.
"견학 비법 제63번. 비행기가 땅으로 떨어질 때는 낙하산을 펼쳐라."

우리는 거의 땅에 부딪칠 뻔했어요! 그러나 프리즐 선생님이 단추를
누르자마자 스쿨 버스는 사막 어느 곳이나 다닐 수 있는 만능 지프차로 변했습니다.
만능 지프차는 땅 위에 부드럽게 내려앉았어요. 후유!

사막의 태양은 뜨겁고도 너무나 뜨거웠습니다! 모두들 땀이 나기 시작했어요.
프리즐 선생님만 빼고요. 선생님은 언제나 썰렁하니까요.
우리의 머리 위에서는 독수리 한 마리가 원을 그리며 날고 있었어요.
그러나 프리즐 선생님은 알아차리지 못한 것 같아요.
"여러분, 따라오세요. 사막에 대해 알려고 왔으니까 용기를 내세요! 실수도
해 보고, 먼지 범벅도 돼 봐야죠!" 프리즐 선생님이 말했어요.

얼마 후 우리는 배고픈 길달리기새 한 마리를 발견했어요. 길달리기새는 사막을 가로질러 목무늬도마뱀을 쫓아가고 있었어요.

"빨리! 모두 만능 지프차를 타! 도마뱀을 구해야 해!" 피비가 소리쳤습니다.

프리즐 선생님은 무슨 좋은 생각이 떠올랐는지 눈을 반짝거리며 말했어요. "그래, 피비야. 모험을 해 볼 만해!"

우리가 만능 지프차에 올라타자 프리즐 선생님은 어떤 조종간을 잡아당겼어요.
만능 지프차는 점점 줄어들더니 독도마뱀으로 바뀌었어요!
그러자 이제 길달리기새가 우리를 따라 왔어요!
 프리즐 선생님은 속도를 높였어요. 더 빨리! "내가 항상 말하듯이, 배가 고플 때
달리면 더 배가 고파지죠."

　잠시 후 길달리기새는 독도마뱀 버스를 부리로 물었어요! 여기에서 어떻게 빠져나갈 수 있을까요? 아널드는 견학 안내서를 뒤졌습니다.

　"견학 비법 제107번. 잡아먹히지 않기 위해서는 못 먹는 것이 되어라." 아널드가 읽었습니다. "이게 무슨 말이지?"

　"잡아먹히지 않을 만한 걸로 변하란 뜻이야." 도로시 앤이 설명했습니다.

　"잡아먹히지 않는 것이 되라고?" 프리즐 선생님이 물었습니다.

그러고는 프리즐 선생님은 다른 조종간을 잡아당겼어요.

독도마뱀 버스는 심하게 흔들리더니 겉에 뾰족한 뿔들이 생겨났어요! 길달리기새는 우리를
재빨리 내뱉었어요. 길달리기새는 뾰족한 뿔을 가진 도마뱀을 좋아하지 않나 봐요.
"그러니까, 이곳의 작은 동물들은 잡아먹히지 않을 특별한 모습들을 하고 있구나. 뾰족한 뿔
같은 거 말야." 피비는 이제야 알았다는 듯이 말했습니다.
"그래, 피비. 네 말이 맞단다!" 프리즐 선생님이 말했습니다.

아이고! 큰일날 뻔했다!

다음으로 우리는 피비를 따라 산토끼를 보러 갔습니다.

"아널드, 토끼에게 네 모자 좀 빌려 줘. 안 그러면 토끼가 어떻게 더위를 견디겠어?"
피비가 말했습니다.

피비의 말에 프리즐 선생님이 웃었습니다. "토끼는 귀로 더위를 식혀요." 선생님은
토끼 몸의 더운 피가 큰 귀를 지나는 동안 열이 빠져 나가서 피가 식는다고 설명해
주었습니다. 그리고 식은 피는 몸 안으로 다시 흘러들어 간대요.

피비는 또 사막거북을 돕고 싶었어요. "저것 좀 봐! 불쌍한 사막거북이 뜨거운 사막의 태양 아래에서 지글지글 구워지고 있어. 만약에 선생님이 저 거북이라면 어떻게 하시겠어요?"

프리즐 선생님은 눈을 반짝이며 말했습니다. "항상 하는 얘기지만, 더위를 피하는 방법에는 여러 가지가 있단다. 자, 모두 만능 지프차에 타세요."

이번에는 아널드도 걱정하는 것 같아요.
프리즐 선생님이 또 무엇을 하려는 걸까요?

피비야, 그런 것 좀 묻지 마.

　윙윙—! 빙빙! 만능 지프차는 줄어들고 또 줄어들었어요. 이제 만능 지프차에
딱딱한 껍질도 생겼어요.

　"어머나, 사막거북 버스가 되었네요." 프리즐 선생님이 말했습니다.

선생님은 아주 즐거워 보였어요. 스쿨 버스는 땅 밑으로 굴을 따라 내려갔어요.

　잠시 후 주위가 모두 깜깜해졌어요.

　"여기가 어디예요?" 팀이 소리쳤습니다.

　"사막거북의 굴이죠. 땅속의 보금자리랍니다." 프리즐 선생님이 설명했습니다.

해가 질 때까지 우리는 시원한 사막거북의 굴 안에 있었습니다.

와! 우리가 다시 밖으로 나갔을 때 사막은 갑자기 아주 활기찬 곳이 되어 있었어요. 그곳에는 온갖 동물들이 가득했어요.

"무슨 일이지?" 키샤가 소리쳤습니다.

아널드는 다시 견학 안내서를 살펴봤어요. "견학 비법 제57번. 더위를 견디기 위해서는 사막의 동물들을 따라 해라. 즉, 밤에 활동해라."

"피비야, 이것도 사막 동물들이 살아가는 방법 중의 하나야, 잘 봐! 사생모는 이제 필요 없을 것 같은데?" 카를로스가 웃으며 말했습니다.

"맞아! 여기 동물들은 스스로를 보호할 수 있어. 그리고 어떻게 하면 시원하게 살 수 있는지도 알고. 그래도 아직 필요한 게 있어. 바로 물이야!" 피비가 말했습니다.

피비는 버스로 달려가서, 우리의 물통을 몽땅 들고 뚜벅뚜벅 걸어 나왔어요.

오, 안 돼! 피비가 우리의 귀중한 물을 동물들에게 주려고 해요!

"피비야, 기다려! 어쩌면 동물들에게 우리의 물이 필요 없을지도 몰라. 동물들은 어떤 방법으로든 물을 얻을 거야. 왜냐하면 물이 없으면 살 수가 없거든." 카를로스가 소리쳤습니다.

피비는 얼굴을 찌푸렸습니다. "좋아. 네가 그렇게 잘 안다면, 그 방법을 말해 봐."

그 말이 어떤 신호라도 되는 것처럼 무언가 촉촉한 것이 카를로스와 피비의 머리 위로 떨어졌습니다. 그건 비였어요!

잠시 후 비가 억수같이 퍼부었어요. 우리는 모두 사막거북 버스로 급히 뛰어갔어요.

비가 그치자 사막에 놀라운 일이 일어났어요! 사방에 꽃이 피고, 동물들이 뛰놀았습니다!

"제가 지금 꿈을 꾸고 있는 건가요?" 피비가 물었습니다.

"아니란다. 이게 바로 폭우가 지나간 후의 사막이야." 프리즐 선생님이 말했습니다.

아널드는 허리를 굽혀 물웅덩이를 쳐다보다 외쳤어요. "여기에 새우가 있어."

"새우라고? 사막에?" 피비가 말했습니다.

"그리고 돼지도 있어!" 도로시 앤이 덧붙였습니다.

도로시 앤은 선인장을 먹고 있는 돼지를 가리켰어요.

"저건 페커리라는 멧돼지예요. 페커리는 사막에 사는 돼지 사촌이죠."
프리즐 선생님이 설명했습니다.

"이것 봐! 선인장 안에 물이 있어!" 키샤가 소리쳤습니다.

도로시 앤이 가까이 가서 살펴봤어요. "내가 관찰해 보니 이 선인장 안에는 물기가
있어. 그리고 껍질이 매끈매끈해."

"그래, 아마도 그 매끈매끈한 껍질이 안쪽에 있는 물을 보호하나 봐."
팀이 진지하게 말했습니다.

내가 항상 말했듯이, 비가 내리면
사막은 비를 모아둬요.

"카를로스, 네 말이 맞았어. 사막 동물들은 우리의 도움이 필요 없어. 그 동물들은 이미 여기에서 살 준비가 되어 있어." 피비가 말했습니다.

"피비야, 그래, 맞아. 여기에 살고 있는 모든 동물과 식물은 사막에 적응이 되어 있단다." 프리즐 선생님이 말했습니다.

"그러니까 사막의 식물들에게는 그렇게 많은 물이 필요하지 않다는 거죠? 또 식물들은 물을 재빨리 빨아들이는 데 익숙하다는 거군요?" 도로시 앤이 말했습니다.

견학 비법 제999번: 사막에 적응이 되어 있지 않은 사람은 빨간 곱슬머리의 선생님과 항상 같이 다녀라. 흠.

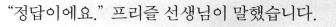

"정답이에요." 프리즐 선생님이 말했습니다.

"그리고 도마뱀은 잡아먹히지 않으려고 뿔을 가지게 된 거야." 랠프가 말했습니다.

"그리고 귀로 체온을 낮추는 산토끼나 모래 아래에 굴을 파는 사막거북은 더위를 피하는 나름대로의 방법을 가지고 있어." 완다가 말했습니다.

"그래요." 프리즐 선생님이 맞장구를 쳤습니다. "이곳에 사는 모든 동물과 식물은 특별한 능력을 가지고 있어요. 다시 말해 모두 살아 남기 위해 적응을 했답니다. 정말 대단하죠." 선생님은 웃으며 중얼거렸어요.

학교로 돌아왔을 때, 우리는 모두 너무 지쳐 있었어요. 특히 아널드가요.
아널드가 지쳐서 중얼거렸어요. "어쨌든, 우리가 거의 잡아먹힐 뻔했던 때와,
우리가 햇볕에 거의 타 죽을 뻔했던 때, 그리고 홍수가 나서 거의 빠져 죽을
뻔했던 때만 빼고는 내 견학 안내서는 정말로 많은 도움이 됐어."

"이제 사막의 모든 동물과 식물은 스스로 사막에서 살 수 있도록 적응한다는 걸 알았어. 그러니까 우리는 다른 일을 할 수 있는 시간을 번 거야." 피비가 말했습니다.

다른 사람들은 너무 지쳐서 더 이상 아무 생각도 하고 싶지 않았어요.

"이번에는 정말로 도움이 필요한 동물이 있어!" 피비는 큰소리로 말했습니다.

"이번에는 '졸대모'를 만들자!"

또 시작이다!

피비는 킬킬거리며 창 밖을 가리켰습니다. "졸대모란 졸음 대책 모임의 줄임말이야."

"카를로스!" 우리는 소리쳤습니다. 카를로스는 아직도 스쿨 버스 안에 있었어요. 코까지 골면서 자고 있지 뭐예요!

"카를로스는 사막 견학에 잘 적응하지 못한 거야." 피비가 농담을 했습니다.

프리즐 선생님이 웃으며 말했습니다. "내가 항상 말하지만, 더위를 견딜 수 없는 사람은 빨리 사막에서 나오세요!"

피비: 여보세요?

햄스터: 신기한 스쿨 버스인가요?

피비: 네, 그런데요.

햄스터: 제가 '캥보모'라는 새로운 모임을 만들려고 하는데요. 캥거루쥐 보호 모임 말예요.
피비가 우리의 대표가 됐으면 해서요.

피비: 네? 어떡하죠? 캥거루쥐는 보호해 주지 않아도 돼요.

햄스터: 그렇다면 캥거루쥐도 사막에서 살 수 있도록 적응했다는 말인가요?

피비: 네. 캥거루쥐는 평생 동안 물을 거의 마시지 않고도 살 수 있어요. 캥거루쥐는
필요한 물을 식물이나 씨로부터 얻을 수 있거든요.

햄스터: 하나만 더 물어 볼게요! 그런데 정말 피비를 아세요?

피비: 네, 사실은…….

햄스터: 그럼 부탁 하나만 할게요? 피비가 최고라고 전해 주세요. 그럼, 안녕히 계세요.

사막의 식물뿐 아니라 모든 식물은 물이 필요합니다.
식물이 어떻게 물을 얻는지 함께 알아봐요.

준비물
· 흰 국화 또는 흰 카네이션 한 송이
· 녹색 물감
· 물 한 컵

컵의 물이 마음에 드는 짙은 녹색이 될 때까지 물감을 넣어 줍니다. 그러고 나서 컵에 흰 꽃을
꽂습니다. 며칠 후면 꽃의 색깔이 녹색으로 변할 거예요. 꽃은 줄기를 통해 물을 빨아들여요.

글쓴이 **조애너 콜**은 미국 뉴저지 주 뉴어크에서 태어났다. 초등학교 사서로 있다가 어린이 책 작가가 된 조애너는 책을 쓰기 전에 전문가 인터뷰와 철저한 자료 조사를 하는 것으로 유명하다. 「신기한 스쿨 버스」 시리즈로 《워싱턴 포스트》 논픽션 상, 데이비드 맥코드 문학상, 전미교육협회 공로상 등을 받았다.

그린이 **브루스 디건**은 1945년 미국에서 태어나 뉴욕 쿠퍼 유니언 대학과 프라트 대학에서 일러스트를 전공했다. 「신기한 스쿨 버스」의 주인공들처럼 밝고 익살스러운 성격으로, 한때 아이들에게 미술을 가르치기도 했다. 자신이 직접 글을 쓴 『잼베리』 등을 비롯, 수십 권의 어린이 책에 그림을 그렸다.

옮긴이 **이강환**은 서울대학교 천문학과를 졸업하고, 같은 대학 대학원에서 박사 학위를 받았다. 옮긴 책으로는 『꼬마 박사 궁금이의 똑똑한 뇌 이야기』, 『별의별 원소들』, 「신기한 스쿨 버스」 시리즈 등이 있다.